Feige

Tatiana Y. Silla

Mit Illustrationen von
Linda Wolfsgruber

mandelbaums *kleine gourmandisen*
N° 25

www.mandelbaum.at
www.mandelbaum.de
ISBN 978-3-85476-844-9

2. Auflage 2023
Lektorat: Inge Fasan
Satz und Umschlaggestaltung: Michael Baiculescu
Illustrationen: Linda Wolfsgruber
Druck: Interpress, Budapest

Meine besondere Beziehung zu Feigen ergab sich zufällig und ist nicht an die Frucht selbst oder an eine familiäre Erinnerung geknüpft, sondern an ein Parfum. Vor einigen Jahren war ich in Rom und trat aus Neugierde in ein kleines Geschäft, das handgemachte Parfums verkaufte. Ich hatte etwa ein Dutzend Düfte probiert, als sich ein Duft nach Feigenblatt und weißer Zeder mit frischen, leicht holzigen Noten verbreitete – der Duft zweier mediterraner Pflanzen aus einem Fläschchen mit dem griechischen Namen *philosikos*. Dieses Parfum regte meine Geruchsnerven derart an, dass es in mir Erinnerungen an einen nie erlebten Sommer in einem alten, ein wenig verfallenen Landhaus hervorrief – vor mir sah ich ein steinernes Anwesen, auf dem die Trockenheit des Bodens es nicht erlaubte, einen gepflegten Garten anzulegen, sondern auf dem sich, zwischen wildem Thymian und lavendelgefüllten Steintöpfen, die machtvollen Wurzeln zweier Feigenbäume – Wächter jenes Gartens und jenes Sommers – ihren Weg bahnten.

Mir gefällt der Gedanke, dass diese Bilder an eine unbewusste Sehnsucht nach dem Paradies geknüpft sind, das gerade wegen des Verzehrs einer Feige verloren ging. Ein Teil der jüdischen Überlieferung sieht – in durchaus logischer Argumentation – in der verbotenen Frucht des Paradieses eine Feige. Wenn nämlich das biblische Paar unmittelbar nach jenem folgenschweren Vergehen ausgerechnet Feigenblätter verwendete, um sich damit zu bedecken, so ist anzunehmen, dass dieses pflanzliche Kleid als Erstes zur Hand war, weil eben in unmittelbarer Nähe der verbotenen Frucht zu finden. Darüber hinaus stimmt das Wort Feige in der jüdischen Gematrie mit der Zahl 561 überein, derselben Zahl, die für das Wort Abhilfe oder Hilfsmittel steht. In gewissem Sinn ergänzen einander die beiden also: Neben der Feige,

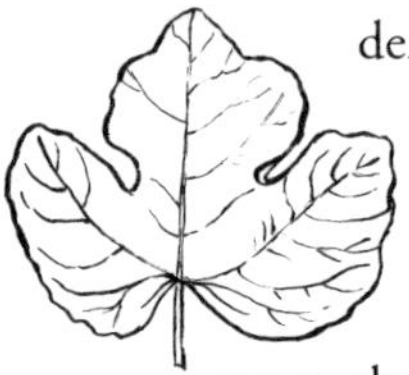

der Frucht des Verderbens, gibt der Baum seine Blätter als Mittel zum Bedecken der Scham.

Die Gefühle und Vorstellungen, die das Parfum hervorgerufen hatte, waren also der Auslöser, mich – in kulinarischem Sinne – mit den Früchten dieses faszinierenden Baums zu beschäftigen, der sich, jedes Hindernis überwindend, an den undenkbarsten Orten Platz verschafft. Von jenem Moment an erwachte in mir eine wahrhafte Leidenschaft. Und unter Mithilfe zweier Freunde, die diese Früchte anbauen, bin ich von reichlicher Verkostung, bei der ich die Feigen direkt von den Zweigen brach, zum Experimentieren mit Rezepten übergegangen, zunächst für Süßspeisen, später auch für salzige Gerichte.

Mit diesem Büchlein hoffe ich nun, einen würdigen Beitrag zur Verwendung dieser verführerischen und in der Küche so vielseitigen Frucht zu leisten.

DIE FALSCHE FRUCHT. EIN AUSFLUG IN DIE BOTANIK

Die Echte Feige *(Ficus carica)* ist eine Pflanze, die zur Familie der Maulbeergewächse *(Moraceae)* und der der Gattung *Ficus* gehört. Sie umfasst zwei Unterarten, nämlich die Haus- oder Essfeige *(Ficus carica var. domestica)*, die essbare Früchte liefert und weibliche Blüten besitzt, sowie die Bocksfeige *(Ficus carica var. caprificus)*, auch Holz, Capri- oder Ziegenfeige, mit sterilen weiblichen »Gallenblüten« und männlichen Blüten. Was man gemeinhin Feige nennt, ist in Wirklichkeit ein Teil des Stiels, der sich zu einem Sack mit Blüten entwickelt, die im Inneren wachsen. Bei den tatsächlichen Früchten handelt es sich um Achänen, kleine Steinfrüchte im Inneren dieses Sacks *(Synconium)*. Jede dieser winzigen Steinfrüchte ist aus einer Blüte entstanden. Während der

Fruchtreife schwillt der Blütenstandsboden zum saftigen, genießbaren Teil an.

Wenn auch heute viele der kultivierten Varietäten selbstbefruchtend sind, so gibt es welche, darunter die hochgeschätzten Smyrna-Feigen, die Bestäubung und Befruchtung brauchen. In diesem Fall ist die Nähe eines Bocksfeigenbaums vonnöten, der im Inneren des Blütenbodens männliche Blüten trägt, die Pollen produzieren. Der Transport dieses Pollens geschieht durch ein symbiotisches Insekt, die Feigenwespe *(Blastophaga psenes)*, die in der Bocksfeige lebt und sich dort reproduziert und die mit Pollen beladen durch ein kleines Loch zum Blütenboden vordringt.

Die verschiedenen Varietäten unterscheiden sich unter anderem durch die Farbnuancen der Schale, von weißlich-grün über rotviolett bis zu blauschwarz, die Form der Frucht, den Verwendungszweck und den jährlichen Ertrag. Je nach Sorte bzw. Anbau kann der Feigenbaum ein-, zwei- oder dreimal jährlich Früchte tragen. Im späten Frühling entstehen die Frühfeigen aus den Knospen des Vorjahres, die über den Winter gereift sind (sie sind größer, aber weniger zahlreich), die Sommerfeigen bilden sich aus den Knospen des Frühlings (sie sind kleiner, aber süßer und zahlreicher) und in sehr warmen Gebieten wachsen im Spätherbst die Spätfeigen aus den Knospen des Sommers.

Die Pflanze bevorzugt warm-gemäßigte Zonen und Standorte mit langer Sonneneinstrahlung und verträgt kein raues Klima. Sie erreicht eine Höhe von 8–10 Metern, der Stamm ist oft kurz, mit breiter, stark verzweigter Krone und weitläufigen Wurzeln. Die ledrigen Blätter sind drei- bis fünflappig. Der Feigenbaum kann aber auch in Töpfen gezogen werden. Man braucht dazu eine sonnige, windgeschützte Terrasse und man muss die für das jeweilige Klima geeignete Varietät finden.

URSPRUNG UND ANBAU

Die ersten durch archäologische Funde verbürgten Anpflanzungen im Jordantal finden sich vor 11.000 Jahren, womit die Feige zu den ältesten domestizierten Nutzpflanzen gehört. Ihr Ursprung wird in Südwestasien vermutet und einige meinen, die Bezeichnung *carica,* abgeleitet von Caria (Karien), verweise auf eine antike Region in der heutigen Türkei. Von dort habe sie sich dann im gesamten Mittelmeerraum sowie in Nordafrika verbreitet. Nach der Entdeckung Amerikas verbreitete sich die Feige auch auf diesem Kontinent, danach in Südafrika, China, Japan und schließlich in Australien.

Feigen wachsen auch nördlich der Alpen – und das nicht erst seit einigen Jahren. Manche glauben, ihre Kultivierung sei schon zu Zeiten der römischen Besatzung Germaniens erfolgt und die Eroberer hätten nicht nur den Weinstock mitgebracht, sondern auch den Feigenbaum.

Erste Zeugnisse der Existenz des Feigenbaums nördlich der Alpen und seines Gebrauchs als Heilmittel finden sich im Hochmittelalter bei Hildegard von Bingen. Ein halbes Jahrhundert später erwähnt Wolfram von Eschenbach im *Parzival* den Feigenbaum – nun nicht mehr zu therapeutischen Zwecken, sondern als eine der Pflanzen in Burggärten. 1539 bestätigt Hieronymus Bock in seinem Kräuterbuch *(Kruterbuch)* die Präsenz dieser Frucht: »zahme und wilde, weiße und schwarze, große und kleine Feigen […], dass man irgendwann derselben auch an etlichen warmen Orten des teutschen Landes findet.«

Zwischen 1600 und 1700 werden Feigen häufig neben Orangenhainen gepflanzt – die Gärten von Versailles sind ein Beispiel dafür; dies hat auch das Interesse der Botaniker für die verschiedenen Sorten und die Möglichkeit ihrer Adaptierung an ein nicht mediterranes Klima erweckt.

Heutzutage gibt es in Deutschland rund 50.000 Feigenbäume, die vor allem in der Pfalz wachsen. Sehr bekannt ist die Deichelgasse in Deidesheim, auch »Feigengasse« genannt. 1908 ließ der damalige Bürgermeister der Stadt die Bäume vor den Häusern pflanzen. Die Feigenernte erfolgt in der Pfalz zwischen Mitte Juli und Mitte September. Um den Handel mit den Früchten zu erleichtern, wurde die »Pfälzer Feigenbörse« ins Leben gerufen, eine Plattform, die Gastronomen, Konditoren und Privatleute mit Produzenten in Verbindung bringt.

In Wien werden Feigen seit einigen Jahren im 11. Wiener Gemeindebezirk am »Feigenhof« mit Liebe und Erfolg biologisch kultiviert und verkauft.

Die globale Produktion beträgt rund 1,5 Millionen Tonnen Frischfeigen jährlich. Der kommerzielle Anbau konzentriert sich vor allem auf den Mittelmeerraum. Zu den bedeutendsten Produzenten zählen die Türkei, Ägypten, Algerien, der Iran und Marokko. In geringerem Maße werden Feigen in Spanien, Griechenland, Portugal, Italien und Frankreich angebaut. Außerhalb des Mittelmeerraums kultiviert man sie auch in den USA, Südafrika, Australien, Neuseeland, China, Chile und Mexiko.

ETYMOLOGISCHE DELIKATESSEN

In vielen Sprachen wird die Frucht mit der gleichen Vokabel, manchmal mit Vokalvariation, bezeichnet: *fico* auf Italienisch, *figo* auf Portugiesisch, *figue* auf Französisch, *fig* auf Englisch, *füge* auf Ungarisch, *higo* auf Spanisch, *figa* auf Slowenisch, *figa* auf Polnisch, *vijg* auf Holländisch.

Der Terminus Feige stammt von lateinisch *ficus*, das sich seinerseits nach dem Dafürhalten einiger vom griechischen Verb *phyo* (φύω) ableitet, das »produzieren«

bedeutet, da der Baum sehr fruchtbar ist und zwei- bis dreimal im Jahr Früchte hervorbringt. Andere glauben an eine Herkunft vom griechischen Substantiv *sykon*, das durch Transformation der Anfangskonsonanten zu *fico* geworden sei. Am plausibelsten klingt jedoch die Hypothese, dass *ficus* aus einer präindoeuropäischen semitischen Sprache des Mittelmeerraums stammt, wahrscheinlich vom phönizischen *pagh*, reife Feige.

Interessant sind die Feigen auch als verborgener Ursprung zweier Ausdrücke: Im Deutschen gibt es, wie in vielen anderen Sprachen, den Terminus *Sykophant*, der in heutiger Verwendung einen Verleumder, Verräter oder Denunzianten bezeichnet. Dieses Wort leitet sich vom altgriechischen *sykon* (Feige) und von *phainein* (zeigen) ab, und bedeutet wörtlich »Feigenanzeiger«. Nach alten Quellen, unter ihnen auch Plutarch, bedeutete »den Sykophanten machen« ursprünglich ausschließlich anzuzeigen, wer Feigen stahl, wer sie illegal aus Attika exportierte oder wer sie von geweihten Bäumen pflückte. Diese positive Konnotation habe sich später in eine negative gewandelt, indem jetzt, durch Ausweitung des Begriffs, ein skrupelloser Verleumder gemeint ist, der vermutete Gesetzesverletzungen zu seinem eigenen Vorteil zur Anzeige bringt.

Eine grausame kulinarische Tradition hat hingegen eine deutlichere linguistische Spur im Italienischen und in den romanischen Sprachen hinterlassen:

Plinius, der die Erfindung Apicius zuschreibt, zitiert in seiner *Historia naturalis* den im antiken Rom geübten Brauch, Schweine und Gänse zu mästen, indem man sie mit großen Mengen an Feigen stopfte, um eine Fettleber mit ganz besonderem Geschmack zu erhalten. Eben dieser Technik der künstlichen Fettleber, des *iecur ficatum* (entlehnt aus gr. *hêpar sykōtón*), verdanken das Italienische und die übrigen romanischen Sprachen den Ursprung des Worts *fegato* (Leber). Als *ficatum*, mit Feigen gefüllt, verwies das Adjektiv auf die Leber jener Tiere, die mit Feigen gestopft wurden. Der Terminus *iecur*, also das Substantiv, das ursprünglich Leber bedeutete, ging verloren.

EIGENSCHAFTEN UND WIRKUNGEN

Schon in der Antike verwendete man Feigen zur Erlangung von Gesundheit und Schönheit – wenn auch einige Autoren sie für schädlich hielten. Eines der Volksheilmittel ist ein Brei-Umschlag gegen Entzündungen und Geschwüre, der in der Bibel im zweiten Buch der Könige Erwähnung findet. Der schwer erkrankte König Hiskias wurde durch den Propheten Jesaja geheilt, indem dieser die Anweisung gab, »ein Pflaster von Feigen« zu bringen, damit es auf das Geschwür gelegt werde.

Plinius führt in seiner monumentalen *Naturalis historia* eine lange Liste positiver Wirkungen von Feigen an: Sie »verleihen den Jünglingen Kraft, älteren Patienten eine dauerhaftere Gesundheit und verhüten die zu frühe Bildung von Runzeln«. Ferner empfiehlt er den Gebrauch von Feigenmilch als »Antidot des Giftes der Hornisse, Wespen und ähnlicher Thiere, namentlich aber der Scorpione« und meint: »Mit Fett vermischt vertreibt sie die Warzen.« Was hingegen die getrockneten Feigen betrifft, so bemerkt er, dass sie nicht nur »weichen Stuhlgang« produzieren, sondern »auch den Körper [stärken] und ihm mehr Kraft [verleihen]« würden. Daher, so Plinius, seien sie auch Nahrung der Athleten.

In mittelalterlichen Abhandlungen, die von Hippokrates und Galen beeinflusst sind, wurden Feigen sowie Trauben als die einzigen nicht gesundheitsschädlichen Früchte betrachtet und nicht zuletzt wegen ihres hohen

Nährwerts geschätzt. Die Feige galt als Mittelding zwischen Nahrungs- und Heilmittel, als eine Art Lebensmittel-Medizin, eine von Hildegard von Bingen unterstützte Meinung. In *Physikà. Das Buch von dem inneren Wesen der verschiedenen Naturen in der Schöpfung* rät sie: »Wer krank ist, soll die Frucht essen, bis ihm davon besser wird, dann soll er sie meiden.« Die berühmte Äbtissin empfiehlt unter anderem: »[...] aus den zerstoßenen Blättern und der Rinde kann man unter Zugabe von Bärenfett [...] eine Salbe herstellen, die gegen Kopfschmerzen, Augen-, Brust- und Nervenleiden brauchbar ist.«

Mitte des 15. Jahrhunderts schlägt der Arzt Antonio Guaineri in seiner Abhandlung *De peste* vor, Feigen wegen ihrer medizinischen Wirkung auch während Pestepidemien zu essen, obwohl vom Genuss von Obst und Gemüse ansonsten dringend abgeraten wurde.

Der gute Ruf der Feigen reicht von vergangenen Jahrhunderten bis in unsere Tage. Sie sind ein nahrhaftes und leicht verdauliches Lebensmittel. 100 Gramm besitzen durchschnittlich 65 kcal, getrocknete Früchte gut 250 kcal. Sie haben den höchsten basischen Wert aller Lebensmittel und eignen sich daher hervorragend zur Neutralisation von säurebildenden Speisen. Verschiedene Inhaltsstoffe machen sie zu einem sehr gesunden Nahrungsmittel. Feigen enthalten die Vitamine A, E, K und den Komplex B sowie wichtige Mineralstoffe wie Kalzium, Magnesium, Kalium und Eisen. Die süßen Früchte sind außerdem reich an Polyphenolen, die antioxidativ wirken, indem sie schädliche freie Radikale binden.

Getrocknete Feigen enthalten Vitamine und Mineralien, aber auch Fettsäuren der Gruppen Omega 3 und Omega 6, die dafür bekannt sind, Triglyceride und Cholesterin zu vermindern und den Blutdruck zu senken. Der hohe Anteil an Ballaststoffen wirkt verdauungsfördernd: Gegen Verstopfung empfiehlt es sich, Feigen über

Nacht einzuweichen und morgens nüchtern einen Viertelliter des lauwarmen Einweichwassers zu trinken.

Getrocknete Feigenblätter haben entzündungshemmende, verdauungsfördernde, menstruationsregulierende und schleimlösende Eigenschaften, während die Milch Enzyme beinhaltet, die zur Entfernung von Hühneraugen und Warzen dienen.

KARTHAGO MUSS ZERSTÖRT WERDEN: FEIGEN ZWISCHEN GESCHICHTE UND ANEKDOTEN

Seit der Antike steht der Feigenbaum mit seinen Früchten im Mittelpunkt zahlreicher Mythen, Legenden und Volksbräuche.

Im Judentum stellt die Feige eine der sieben Früchte Israels dar, und nebst dem Olivenbaum und dem Weinstock ist der Feigenbaum ein Symbol für Reichtum und Wohlstand. In rabbinischer Tradition verweist der Baum auf das ernsthafte Studium der Thora, das im Schatten von Ästen und Blättern von den Rabbinern betrieben wird. Unter einem Feigenbaum zu sitzen ist auch Symbol für Wohlstand und für den messianischen Frieden, welcher der Treue und der Allianz mit Gott entspringt.

In den christlichen Evangelien dient der kahle Baum ohne Früchte (oder auch der wegen seiner Verdammung durch Jesus mit Asche bedeckte Feigenbaum) vor allem als Mahnung, sich von der Sünde ab- und auf den rechten Weg zurückzukehren – für jene, welche, wie die Juden, die Botschaft Christi abgelehnt haben.

Im antiken Griechenland ist der Feigenbaum Symbol der Prosperität und der Fülle. Es gibt zahlreiche Mythen und Hypothesen, die um seine Entstehung kreisen. Nach Athanasios von Naukratis soll an jener Stelle ein Feigenbaum gewachsen sein, an der der Titan Sykeus Zuflucht bei seiner Mutter, der Erdgöttin Gea, suchte, um sich der Verfolgung durch Zeus zu entziehen. Das altgriechische *sykon* für Feige erinnert an den Titanen. Pausanias hingegen erzählt, dass die Fruchtbarkeitsgöttin Demeter dem Phytalos für die Gastfreundschaft, die er ihr während ihrer verzweifelten Suche nach ihrer in die Unterwelt entführten Tochter Persephone erwies, einen Feigenbaum gab, eine Pflanze, die bis dahin ausschließlich den Göttern des Olymp vorbehalten war.

Feigen, diese Früchte göttlichen Ursprungs, wurden als würdig erachtet »Redner und Philosophen zu nähren«. Auch Platon war ein großer Feigenliebhaber – so sehr, dass man ihm den Spitznamen »Feigenfresser« gab.

Im antiken Rom war die Pflanze dem Mars geweiht und an den Ursprungsmythos der Stadt geknüpft. Man dachte nämlich, Romulus und Remus, die der verbotenen Verbindung zwischen Mars und der Vestalin Rea Silvia entsprossen waren und deshalb sterben sollten, seien dank des Umstands gerettet worden, dass das Körbchen, welches die beiden auf dem Tiber trug, zu Füßen eines Feigenbaums strandete. Diesen nannte man in der Folge *ruminale* (von *rumis*, Nippel) – vermutlich, weil die beiden Knaben dort von der Wölfin gesäugt wurden.

Nach Plinius und Plutarch waren Feigen der Anlass für den Ausbruch des Dritten Punischen Kriegs. Es wird berichtet, dass der Senator Cato unter seiner Tunika einen Korb mit Feigen aus Karthago hervorgezogen habe, um die anderen zu überzeugen, neuerlich in den Krieg einzutreten: Die Frische der Feigen – eine leicht verderbliche Frucht – sollte die räumliche Nähe Karthagos demonstrieren und dadurch auch die Gefahr für Rom, falls Karthago nicht ausgelöscht werde.

Auch um andere Feigen-Arten ranken sich Mythen: Im alten Ägypten wurde die der Göttin Hathor geweihte Maulbeer-Feige *(Ficus sycomorus)* als kosmischer Baum betrachtet; Sarkophage waren oft aus ihrem Holz gefertigt, da man dachte, dass dies den Toten auf ihrer Reise ins Jenseits behilflich sei. Und Siddhartha Gautama schließlich hatte seine Erleuchtung, die ihn zu Buddha machte, angeblich unter einer Pappel-Feige *(Ficus religiosa)*.

DIE SEXUALISIERUNG EINER FRUCHT

Über Jahrhunderte galten Feigen als sexuell konnotiertes Symbol. Im alten Griechenland wurden bei den Phallophorien, die man (wie der Name schon sagt) zu Ehren des Phallus, des erigierten männlichen Glieds, feierte, um die Fruchtbarkeit der Erde zu erwirken, Feigen gereicht. In einer Prozession wurde ein großer, aus dem Holz eines Feigenbaums gehauener Phallus mitgeführt.

Der Feigenbaum war die Lieblingspflanze des Priapus, des Fruchtbarkeitsgottes, dessen Phallus symbolisch als Amulett gegen Neid und den bösen Blick betrachtet wurde. Die Form der Frucht weist die anatomischen Merkmale von Genitalien (im Ganzen die des Skrotums; halbiert die der Vulva) auf, weshalb ihr auch aphrodisierende Wirkung zugeschrieben wurde.

Die Überzeugung, dass Feigen ein Stimulans seien, das »eine sexuelle Erregung« bewirke, »auch bei dem, der sich dagegen wehrt«, wurde im Mittelalter unter anderem von Ärzten der Schule von Salerno bestätigt. In einigen Regionen Süditaliens riet man den Paaren als Mittel gegen Sterilität, bei Vollmond zwei Blätter von einem Feigenbaum zu brechen und sie unter die Kopfkissen zu legen.

Sexuelle Bedeutung steckt auch in einer obszönen Geste, der sogenannten Feigenhand (*mano fica* oder *far la fica*, »die Feige machen«, vom italienischen *fica*, Vagina – ein Terminus, der im Spätlateinischen auch *fico*, die Feige, bezeichnete), die in Literatur und Kunst bis etwa 1600 breit zitiert wurde, dann aber in vielen Ländern nicht mehr in Gebrauch war. Die Geste erfolgt durch ein Schließen der Faust, wobei der Daumen zwischen Zeige- und Mittelfinger gestreckt wird, was den Penetrationsakt andeutet. Die Etrusker und die Römer reproduzierten die Geste auf Amuletten. Ursprünglich handelte es sich um ein Fruchtbarkeits- und Glückssymbol, das auch als versöhnlich stimmendes Zeichen und als Unheil abwehrende Geste gegen den bösen Blick gebraucht wurde. Im Lauf der Jahrhunderte verloren sich Zusammenhang und ursprünglicher Zweck und die Geste erhielt eine dem Stinkefinger ähnliche Bedeutung.

Im Wiener Dialekt nennt man die Vulva »Feig'n« und der Ausdruck »in der Feig'n hausieren« bedeutet, zu Prostituierten zu gehen. Der Schürzenjäger wird so zum »Feig'n-Tandler«. Auch in Mitteldeutschland ist der Ausdruck »Feige« in diesem Nebensinn bekannt.

FEIGEN IN DER LITERATUR UND IN DER KUNST

Ein Feigenbaum erscheint als berührende Metapher im Roman *Die Glasglocke* von Sylvia Plath, der 1963 unter dem Pseudonym Victoria Lucas erschien – einen Monat, bevor Plath sich das Leben nahm. Zu Beginn des Romans liest Esther – Protagonistin und in gewisser Weise Alter Ego der Autorin – eine Erzählung über einen Juden und eine Nonne, die eine aussichtslose Beziehung eingehen. Regelmäßig treffen sie sich unter einem Feigenbaum. Für

Esther wird der Baum zur Metapher der Entscheidungen, die sie treffen muss, wobei jede Feige ein anderes Leben bedeutet:

»Ich sah mein Leben so verzweigt vor mir wie den grünen Feigenbaum in der Erzählung. Am Ende jedes Zweiges winkte und blinzelte wunderbare Zukunft wie eine fette purpurfarbene Feige. Die eine Feige war ein Mann und ein glückliches Heim und Kinder, und die andere Feige war eine berühmte Dichterin, und die nächste Feige war eine brillante Professorin, (...) und eine andere Feige war Europa und Afrika und Südamerika, (...) und eine Menge anderer Liebhaber mit komischen Namen und ausgefallenen Berufen, (und eine andere Feige war eine Olympiasiegerin), und unter und über diesen Feigen hingen noch viel mehr Feigen, die ich nicht genau erkennen konnte. Ich sah mich in der Gabelung des Feigenbaumes sitzen, ich verhungerte, nur weil ich mich nicht entschließen konnte, welche Feige ich nehmen sollte. Ich wollte jede einzelne, aber eine auszuwählen hätte bedeutet, alle anderen zu verlieren, und während ich dort saß und nicht fähig war, mich zu entscheiden, begannen die Feigen schrumpelig zu werden und schwarz, und eine nach der anderen fiel auf den Boden, mir vor die Füße.«

Die durch psychisches Leiden bedingte Passivität, die sie außerstande setzt, eine Entscheidung zu treffen, steht im gesellschaftlichen Zusammenhang der 1950er Jahre, als Frauen einen genau definierten Platz hatten und nicht die Möglichkeit, gleichzeitig mehrere Rollen innezuhaben.

D. H. Lawrence, Autor des Klassikers *Lady Chatterley's Lover*, widmete der Feige ein längeres Gedicht. Als Liebhaber dieser Frucht und mit einem Augenzwinkern verfasste er auf brillante und unterhaltsame Weise einen metaphernreichen Hymnus auf die Feigen und ihre erotische Symbolik.

In der Kunstgeschichte ist die Feige eine der meistabgebildeten Früchte, da sie voll religiöser und symbolischer Bedeutungen ist. Im antiken Rom war sie oftmals ein dekoratives Element an den Hauswänden der Patrizier. Berühmt ist etwa der wunderbare Feigenkorb der Villa der Poppea bzw. Villa von Oplontis, im Zentrum von Torre Annunziata.

Masaccio malt Adam und Eva in der Kapelle Brancacci in Florenz vor einem Feigenbaum, ein Beispiel, dem auch Michelangelo bei den Fresken der Sixtinischen Kapelle gefolgt ist. Im Freskenzyklus der Kirche von San Galgano in Montesiepi di Chiusdino in der Provinz Siena malt Ambrogio Lorenzetti zu Füßen einer Madonna auf dem Thron eine sinnliche Eva, ausgestreckt gleich einer Hetäre, mit dem Zweig eines Feigenbaums in Händen, aus dem die Frucht der Sünde sprießt, als Metapher für die weiblichen Genitalien.

Eine Neigung zur Karikatur und ein Interesse an der Naturbeobachtung bilden die Basis für Arcimboldos Werke. In der Serie *Die Vier Jahreszeiten* wird der *Herbst* durch eine Figur repräsentiert, an deren Ohr eine Feige als Ohrring hängt. Im berühmten *Obstkorb* von Caravaggio sieht man einen Weidenkorb, der mit verschiedenen von Blättern dekorativ umrankten Früchten, darunter Feigen, gefüllt ist. In Rubens' *Romulus und Remus* ist die obere Bildhälfte fast zur Gänze mit dem heiligen Feigenbaum ausgefüllt, unter dem die Wölfin die Zwillinge säugt.

Auch in den folgenden Jahrhunderten waren Feigen bei verschiedensten Künstlern ein beliebtes Motiv. Manet zeigt sie in *Das Frühstück im Grünen*, ein Werk, das zu seiner Zeit Aufsehen erregte. Auf dem Waldboden ist neben der nackten Frau ein mit Feigen und anderen Früchten gefülltes umgestürztes Körbchen zu sehen, das zwischen den abgelegten Frauenkleidern als Stillleben erscheint.

Feigenblätter finden sich in einigen Arbeiten von Matisse, besonders in den Scherenschnitten. Sie stehen auch im Zentrum einiger seiner Reflexionen über die Reproduzierbarkeit und über die Notwendigkeit, ungeachtet aller Unterschiede in der Darstellung, jene gemeinsamen Merkmale zu finden, die beispielsweise Feigenblätter auf unverwechselbare Weise zu Feigenblättern machen.

EINE TRINKBARE FRUCHT: DER FEIGENKAFFEE

Das Importgut Kaffee war auf europäischen Märkten wegen zeitweiser hoher Besteuerung, aufgrund von Monopolen oder auch kriegsbedingt nicht immer in ausreichenden Mengen verfügbar und wurde daher immer wieder als Luxusgut gehandelt, das für breitere Bevölkerungsschichten nicht erschwinglich war. Man suchte daher nach einem günstigen Ersatz. Dieser sogenannte Kaffeeersatz wurde aus Zichorien, Malz, Getreide und Früchten gewonnen. So entstanden vielerorts Fabriken und Röstereien, die kaffeeähnliche Getränke, darunter auch Feigenkaffee, herstellten. Die Feigen wurden, ähnlich wie die Getreideprodukte, getrocknet und geröstet, wobei man sie stets als Beimischung zu Bohnenkaffee oder anderen Kaffeesurrogaten verwendete. Diese Getränke erlangten in Mitteleuropa eine gewisse Popularität. Tatsächlich wurde eine der ersten Fabriken für Feigenkaffee von Adolf Julius Titze 1868 in Rottenegg (St. Gotthard im Mühlkreis) gegründet und 1879 nach Linz verlegt. Die Firma war zu Beginn des 20. Jahrhunderts überschuldet und wurde 1910 verkauft, Eigentümer wurde Titzes Konkurrent Carl Heinrich Franck. Franck war ein Spross jener berühmten deutschen Unternehmerdynastie, deren Reichtum auf der Herstellung von Zichorienkaffee gründete. Diese Familie wählte im Jahr 1879 Linz als Standort ihrer ersten Auslandsniederlassung.

1880 wurde auch in Wien mit der Produktion von Feigenkaffee begonnen. Die Firma »Imperial-Feigenkaffee-Fabrik« musste bald vergrößert werden und wurde 1908 zu einem bekannten Großbetrieb mit Niederlassungen in München und Budapest sowie Lagern in Wiener Neustadt, Graz, Linz, Salzburg, Innsbruck und Klagenfurt.

In Deutschland, wo die Produktion von Ersatzkaffee schon früher florierte, wurde Feigenkaffee im Jahr 1873 von zwei Unternehmen, der *Kaffeesurrogatfabrik Otto E. Weber* in Berlin und *Heinrich Franck & Söhne* in Ludwigsburg hergestellt. Die Konkurrenz, insbesondere zu den österreichischen Produkten, war erbittert und so ist es nicht verwunderlich, dass ein »wissenschaftlicher« Vergleich des Jahres 1874 durch das *Polytechnische Journal* Folgendes veröffentlicht:

»Aus Österreich, wo der Feigenkaffee sich seit ungefähr 10 Jahren geltend gemacht hat, haben wir uns Proben zuschicken lassen; auch haben wir zu verschiedenen Zeiten Proben aus der Feigenkaffeefabrik von Otto E. Weber (Berlin, Schmidstraße 31) entnommen, und ökonomisch, physikalisch und chemisch untersucht. [...] Aus dieser Vergleichung ergibt sich, daß die Firma Otto E. Weber in Berlin eine sehr gute Feigensorte, wie z.B. die Levantische oder Kranzfeige verarbeitet, wogegen die österreichischen Fabriken billigere und schlechtere, vielleicht auch verdorbene Sorten heranziehen, denn in anderer Weise läßt sich der säuerliche Geschmack nicht erklären. Die chemische Untersuchung ergab weitere Beweise, daß die österreichischen Fabriken eine weniger zuckerreiche, sogenannte magere Feige, wahrscheinlich Dalmatiner Sorte, verarbeiten.« (*Polytechnisches Journal*, 1874, Band 212, S. 439)

Feigenkaffee, ein gesundes Naturprodukt, wird nach wie vor produziert, ist jedoch ein Nischenprodukt, da es seine Rolle als Ersatzkaffee verloren hat. Um ein aromatisches Getränk zu erhalten, empfiehlt sich die Mischung von einem Teil Feigenkaffee und zwei Teilen Bohnenkaffee.

KONSERVIERUNG UND VORBEREITUNG

Feigen sind leicht verderblich, deshalb sollte man bei der Verarbeitung einige Ratschläge befolgen: Kaufen oder ernten Sie Feigen maximal ein bis zwei Tage vor dem Verzehr. Ihr Geruch sollte süß sein und keinesfalls säuerlich, da dies einen Fermentationsprozess anzeigt. Achten Sie darauf, dass die Schale fest und unverletzt ist und keine Dellen hat. Bei getrockneten Feigen lohnt sich der Kauf biologischer Produkte oder solcher, die keine Konservierungsmittel oder andere Zusätze enthalten. Feigen sollen erst unmittelbar vor dem Verzehr gewaschen und können mit oder ohne Schale gegessen werden. Reife Früchte bewahrt man abgedeckt im Kühlschrank auf, während noch nicht ganz reife Früchte bei Zimmertemperatur gelagert werden können.

Falls Sie wirklich viele Feigen haben, kann man sie zu Marmelade verarbeiten, trocknen oder einfrieren. Für Letzteres die Feigen mit einem feuchten Tuch reinigen, mit etwas Zwischenraum auf ein Tablett setzen und einige Stunden in den Tiefkühler stellen. Wenn die Früchte gefroren sind, füllt man sie in einen Gefrierbeutel um.

In einer morgendlichen oder nachmittäglichen Pause sind Feigen eine köstliche Zwischenmahlzeit, doch sie sind auch eine vielseitige Zutat für zahlreiche süße und salzige Speisen. Frisch oder getrocknet verwandeln sie gemischte Salate, Vorspeisen auf der Basis von Wurstspezialitäten, Schafs- und Ziegenkäse in raffinierte Gerichte. Sie verleihen Pastagerichten, Hülsenfrüchten und Risotto eine eigene Note. Sie bereichern Fischgerichte ebenso wie Fleischspeisen von Lamm, Huhn oder Ente, indem sie dem Gaumen einen hervorragenden Kontrast von Geschmacksnoten bieten. Aus frischen und getrockneten Feigen lassen sich außerdem Desserts, Torten, Kuchen, Chutneys und Marmeladen herstellen, mit denen man seine Gäste überraschen kann.

Frische Feigen gibt es mit grüner oder schwarzer Schale. Die grünen eignen sich besonders für jene Gerichte, in denen die ganze oder in Stücke geschnittene Frucht ihre kompakte Konsistenz behalten soll. Schwarze Feigen verwendet man, wenn das Fruchtfleisch sich verkochen oder auflösen soll. Ich beschränke mich auf diesen Rat, denn auch wenn es hunderte Sorten von Feigenbäumen und -früchten gibt, so werden sie doch, im Unterschied zu anderen Früchten, fast nie unter dem Namen ihrer Sorte verkauft.

Auch die Blätter der Feigen sind verwendbar, etwa als Ersatz für Weinblätter zur Herstellung von Dolma mit Reis oder um Fisch zu umwickeln, der im Ofen zubereitet werden soll.

Selbstverständlich erhebt die hier vorgestellte Sammlung von Rezepten keinen Anspruch auf Vollständigkeit – zu vielfältig sind die Möglichkeiten, diese köstliche Frucht zu verwenden. Dieses Büchlein soll vielmehr dazu anregen, eigene Gerichte und Kombinationen zu kreieren und sich immer wieder auf das Abenteuer einzulassen, das Kochen letztlich auch ist: ein Experimentieren und Entdecken des eigenen Geschmacks.

REZEPTE

VORSPEISEN & HÄPPCHEN

Tapenade mit Feigen

Eine schmackhafte Wiederbegegnung mit der klassischen provenzalischen Tapenade. Sie eignet sich als Brotaufstrich und als Vorspeise, zu gesottenem oder weißem gegrilltem Fleisch.

Für ca. 500 g
200 g getrocknete Feigen • 1 Knoblauchzehe • 2 Rosmarinzweige • 1 EL Kapern (in Salz eingelegt) • 250 g schwarze steinlose Oliven • 6 EL natives Olivenöl • 6 EL Wasser • Saft einer Zitrone • Salz

Feigen 30 Minuten in lauwarmem Wasser weichen lassen. Inzwischen Knoblauchzehe schälen. Rosmarin waschen und trocken schütteln. Das Salz unter fließendem Wasser von den Kapern spülen. Feigen aus dem Wasser nehmen, gut abtropfen lassen und trocken tupfen, den Stielansatz entfernen und die Früchte in Stücke schneiden.

Alle Zutaten bis auf das Salz in einen Mixer geben und mehrmals für wenige Sekunden mixen, bis man eine grobkörnige Masse erhält. Falls sie zu trocken ist, etwas Wasser oder natives Olivenöl dazugeben. Wenn nötig, etwas salzen.

Crostoni mit Feigen und Sardellen

Für ca. 10 Bruschette
10 reife Feigen • 8 in Öl eingelegte Sardellenfilets • Pfeffer • 10 Scheiben Weißbrot • natives Olivenöl • rote Zwiebelringe zum Dekorieren

Feigen schälen, das Innere mit einer Gabel grob zerdrücken. Sardellenfilets auf Küchenkrepp abtropfen lassen, in kleine Stücke schneiden, mit den Feigen vermischen und pfeffern. Die Brotscheiben toasten, mit etwas Olivenöl beträufeln und mit Feigen-Sardellen-Mischung bestreichen. Nach Belieben mit Zwiebelringen dekorieren.

Bresaola mit Feigen und Parmesan

Bresaola mit Rucola und Parmesan ist ein klassisches Gericht der italienischen Küche. In diesem Rezept wird der Rucola durch Feigen ersetzt. Das Gericht kann als Vorspeise oder als leichte Hauptspeise an brütend heißen Sommertagen serviert werden, wenn sowohl Appetit als auch Kochlust sich in Grenzen halten.

Für 4 Portionen
6 frische grüne, nicht allzu reife Feigen • 200 g Bresaola vom Rind • Saft einer Zitrone oder etwas Balsamicoessig • natives Olivenöl • schwarzer Pfeffer • 50 g Parmesan

Feigen waschen und trocken tupfen, samt Schale in Scheiben oder Würfel schneiden. Bresaola-Scheiben auf einer Platte anrichten und die Feigenstücke darauf verteilen. In einer Schüssel Zitronensaft (oder Balsamico), Olivenöl und 1 Prise Pfeffer vermischen. Über Bresaola und Feigen verteilen und ca. 20 Minuten ziehen lassen. Parmesan mit einem Messer in hauchdünne Blättchen schaben und das Gericht damit dekorieren. Mit Brotscheiben servieren.

Melone, Prosciutto und Feigen

Spätsommerliche Variante der klassischen Schinken-Melone-Kombination.

Für 4 Portionen

1 Zuckermelone • 8 Feigen • 5–6 Scheiben Prosciutto crudo pro Portion • Salz und Pfeffer • 3 EL natives Olivenöl • Balsamico-Creme (nach Belieben) • Brotscheiben oder Focaccia

Melone halbieren, Kerne und entfernen, in 8 Spalten schneiden und jeweils die Schale entfernen. Feigen waschen, mit Küchenkrepp trocken tupfen und vierteln. Feigen und Schinken auf Tellern anrichten, salzen und pfeffern, mit dem Öl und einigen Tropfen Balsamico-Creme beträufeln und mit Brot servieren.

Schwertfisch-Carpaccio mit Feigen

Eine einfache, aber elegante Vorspeise.

Für 4 Portionen

400 g Schwertfisch • 4 EL natives Olivenöl • Salz und schwarzer Pfeffer • 4 grüne Feigen • einige Tropfen Balsamico • Thymian zum Dekorieren

Schwertfisch würfeln oder in sehr dünne Scheiben schneiden. 30 Minuten in Öl, Salz und Pfeffer marinieren. Feigen waschen, trocken tupfen und in Scheiben schneiden. Feigen mit einigen Tropfen Balsamico zum Fisch geben. Mit etwas Thymian garnieren.

Feigen aus dem Ofen mit Thymian und Ziegenkäse

Eine einfache Vorspeise, aber auch ein leichtes Mittag- oder Abendessen, wenn man es mit gemischtem Salat und Brot serviert.

Für 4 Portionen

2 Handvoll Pinienkerne • 8 reife, feste grüne Feigen • 200 g weicher Ziegenkäse • 4 Zweige Thymian • Szechuanpfeffer oder roter Pfeffer • abgeriebene Schale einer Zitrone

Backofen auf 200 °C Ober-/Unterhitze vorheizen. Pinienkerne in einer Pfanne trocken rösten. Feigen waschen und trocken tupfen, vom Stielansatz bis zur Mitte kreuzförmig einschneiden und durch Druck auf die Unterseite öffnen. Ein wenig Ziegenkäse, geröstete Pinienkerne und Thymianzweige in die Mitte setzen.

Feigen in einer feuerfesten Form auf je 1 Stück Alufolie setzen, die Folie über die Feigen schlagen und zu Päckchen zusammendrehen. Feigen im Ofen 10 Minuten garen. Heiß mit gemahlenem Pfeffer und geriebener Zitronenschale servieren.

Vogerlsalat mit Feigen, Rohschinken, Fenchel und Parmesan

Für 4 Portionen
250 g Vogerlsalat (Feldsalat) • 8 grüne Feigen • 2 Fenchelknollen • 200 g Rohschinken (Parma, San Daniele, Serrano etc.) • 100 g Parmesan oder Grana Padano • 3–4 EL natives Olivenöl • Salz • Pfeffer • Balsamicoessig

Vogerlsalat, Feigen und Fenchel waschen und trocken schleudern bzw. tupfen. Feigen in Spalten, Fenchel in Scheiben und Rohschinken in kleine Stücke schneiden. Vom Parmesan mit einem Messer hauchdünne Blättchen schaben. Feigen, Fenchel und Rohschinken in eine große Schüssel geben, mit Olivenöl, Salz, Pfeffer und ein wenig Balsamicoessig marinieren und mit Parmesanblättchen bestreut servieren.

Feigenmilch-Frischkäse

Zur Gerinnung der Milch braucht man gemeiniglich Lamms- oder Bockslab: doch kann man sie auch durch die Blüte von der Distel, durch den Saamen vom wilden Safran und durch den Saft, der aus den Feigenbäumen läuft, wenn ihre grüne Rinde geritzt wird, zum Gerinnen bringen. Der beste Käse ist, wozu am wenigsten Lab kommt. Das wenigste Lab auf ein gewöhnliches Gefäß mit Milch ist ein Quentlein. Käse, der von Feigenzweigen gewonnen ist, schmeckt unstreitig am angenehmsten. (Columella)

Die Herstellung von Käse mithilfe des Milchsafts von Feigenbäumen ist, wie der obenstehende Text zeigt, ein altes Verfahren, mit dem auch heute noch verschiedene hausgemachte Käsetypen zubereitet werden können.

Cagliata ist Frischkäse, den die Bauern besonders im Frühjahr produzierten, wenn die hellen, zarten Zweige der Feigenbäume voller Milchsaft sind. Die Zutaten sind einfach. Den Frischkäse kann man mit etwas nativem Olivenöl oder mit gehackten Kräutern verfeinern, man kann ihn pfeffern, Feigenchutney (siehe Rezept S. 54) dazu reichen oder ihn zur Herstellung von Süßigkeiten verwenden.

3–4 junge Zweige eines Feigenbaums • 1 l frische Vollmilch • Salz • Gewürzkräuter nach Belieben

Blätter von den gesammelten Zweigen entfernen und Letztere vertikal einschneiden.

Milch und Zweige in einen Topf geben und die Milch (unter Verwendung eines Küchenthermometers) auf 45 °C erhitzen. Bei erreichter Temperatur vom Feuer nehmen, ein paarmal mit dem Schneebesen durchschlagen und einen Deckel auflegen. Nach ca. 10 Minuten den Käsebruch mit dem Schneebesen oder mit einem Kochlöffel zerteilen. Einige Minuten warten, dann den Käsebruch in ein Sieb geben, Zweige entfernen und den Käsebruch einige Minuten abtropfen lassen, um die Molke zu entfernen. Käsebruch in eine *fuscella* (ein Körbchen zur Käseherstellung) oder in ein Tuch schütten. Das Körbchen bzw. Tuch auf ein Abtropfsieb geben, mit einem Geschirrtuch bedecken und ca. 3 Stunden in den Kühlschrank stellen. Der Frischkäse ist fertig, sobald er fest wird. Falls ein Tuch verwendet wird, den Käse darin auswringen und (wenn man will) in eine Form pressen.

Tagliatelle mit Pesto und Feigen

Für 4 Portionen
Salz • 1 kl. Bund Minze • 1 kl. Bund Basilikum • 8 grüne Feigen • 1 mittelgroße oder 2 kleine Zucchini • natives Olivenöl nach Bedarf • 1 kleine Knoblauchzehe • Parmesan oder sardischer Schafskäse • 360 g Tagliatelle

Salzwasser in einem großen Topf zum Kochen bringen. Minz- und Basilikumblätter abzupfen, waschen und mit Küchenkrepp trocken tupfen. Feigen schälen und in kleine Stücke schneiden. Zucchini waschen, würfeln, in einer beschichteten Pfanne mit 1 Schuss Olivenöl 5 Minuten bei lebhafter Flamme braten und abkühlen lassen. Zucchini, Minz- und Basilikumblätter, ein wenig Parmesan und Knoblauchzehe im Mixer für ein paar Sekunden grob hacken, Olivenöl, ein wenig Salz und wenn nötig noch etwas Öl oder ein wenig lauwarmes Wasser dazugeben. Bis zur erwünschten Konsistenz weitermixen.

Tagliatelle ins kochende Wasser geben und al dente kochen. Mit Pesto, den in Stückchen geschnittenen Feigen, 1 Schuss Öl und geriebenem Käse in einer beschichteten Pfanne einige Minuten anbraten. Die Portionen mit Minz- und Basilikumblättchen dekorieren.

Penne arlecchino

Penne mit buntem Gemüse

Für 4 Portionen
½ Selleriestange • 8 reife, schwarze Feigen • 1 kleine rote Paprika • 1 kleine gelbe Paprika • 1 Schalotte • natives Olivenöl • 1 Msp. Peperoncino • 1 Msp. Kurkuma • Salz und Pfeffer • 360 g Penne • Parmesan

Sellerie waschen, putzen und dabei die holzigen Fasern entfernen. Sellerie in sehr kleine Würfel schneiden. Feigen schälen und das Innere mit einer Gabel zerquetschen. Paprika waschen, putzen und in Streifen schneiden, die Schalotte schälen und in dünne Scheiben schneiden. In einer beschichteten Pfanne etwas Olivenöl erhitzen und Schalotte und Sellerie darin anbräunen. Paprika hinzufügen, salzen und in ca. 15–20 Minuten weich kochen. Falls nötig, etwas heißes Wasser dazugeben. Gegen Ende der Garzeit die Feigen, Peperoncino und Kurkuma dazugeben und einige Minuten mitköcheln; salzen und pfeffern. Nach dem Garen einen Teil des Sugos mit dem Mixer pürieren und wieder in die Pfanne geben.
Inzwischen Pasta in Salzwasser kochen, abseihen und mit dem Sugo und etwas Olivenöl anrichten. Großzügig mit geriebenem Parmesan bestreuen.

Rigatoni mit Gorgonzola, Feigen und Walnüssen

Köstlich und dabei einfach in der Zubereitung – eine etwas andere Sugovariante mit der passenden Pasta.

Für 4 Portionen

100 g Walnusskerne • 100 g getrocknete Feigen • 200 g Gorgonzola • 1 nussgroßes Stück Butter • 2 EL Sahne • 1 Prise Muskatnuss • Salz und Pfeffer • 360 g Rigatoni • Parmesan

Walnüsse grob hacken, Feigen in kleine Stücke schneiden. Gorgonzola zusammen mit Butter und Sahne in einem beschichteten Topf auf kleiner Flamme schmelzen. Walnüsse, Feigen und Muskatnuss dazugeben, salzen und pfeffern. Die Pasta in Salzwasser al dente kochen und abseihen. Pasta zurück in den Topf geben und mit der Sauce vermischen. Auf Tellern anrichten und mit geriebenem Parmesan bestreuen.

Dinkelgnocchi mit Feigen und Schinkenspeck

Für 4 Portionen
600 g Kartoffeln (mehlig) • ca. 300 g Dinkelvollkornmehl und etwas Mehl für die Arbeitsfläche • 1 ganzes Ei und 1 Eigelb • Salz • 1 große Schalotte • 400 g schwarze Feigen (Gewicht ohne Schale) • 150 g Speck im Ganzen • natives Olivenöl • 1 TL gehackter frischer Thymian • Parmesan • schwarzer Pfeffer

Kartoffeln waschen, in einen großen Topf geben, mit kaltem Wasser bedecken und gar kochen. Die noch heißen Kartoffeln schälen und mit der Kartoffelpresse zerdrücken. Masse abkühlen lassen, auf eine dünn mit Mehl bestreute Arbeitsplatte geben, in der Mitte eine Vertiefung machen. Ei und Eigelb verquirlen, in die Vertiefung gießen und in die Masse einarbeiten. Salzen und nach und nach auch das Mehl einarbeiten. Alle Zutaten sollen sich gut vermischen. Ungefähr 10 Minuten durchkneten, bis der Teig nicht mehr an den Händen kleben bleibt. (Die genaue Menge Mehl hängt dabei von der Saugfähigkeit der Kartoffeln ab.) Den Teig 30 Minuten ruhen lassen.

Aus dem Teig auf der bemehlten Arbeitsfläche gleichmäßig dicke Rollen formen und davon Stücke in der gewünschten Größe abschneiden. Den Prozess wiederholen, bis der ganze Teig verbraucht ist.

Für die Sauce die Schalotte fein hacken. Die Hälfte der Feigen pürieren, die andere Hälfte vierteln. Speck fein würfeln und mit ein wenig Olivenöl in der Pfanne anbraten. Schalotte dazugeben. Wenn die Schalotte goldgelb wird und der Speck knusprig, die pürierten Feigen hinzufügen und einige Minuten kochen lassen, bis eine cremige Konsistenz erreicht wird. Leicht salzen, die geviertelten Feigen, den Thymian und eventuell auch etwas Wasser dazugeben und einige Minuten mitrösten.

In einem großen Topf Wasser erhitzen, salzen und die Gnocchi in nicht zu großen Mengen nach und nach kochen. Sobald sie nach oben steigen, mit dem Schaumlöffel herausheben und mit der Sauce, geriebenem Parmesan und einer Prise schwarzem Pfeffer anrichten.

Risotto mit Feigen und Gorgonzola

Feigen und Käse sind eine hervorragende Kombination, auch in einem Risotto. Ich habe dafür Gorgonzola gewählt, aber man kann auch andere Käsesorten verwenden. Je nach ihrer Konsistenz ist der Geschmack der Feigen mehr oder weniger dominant.

Für 4 Portionen

120 g Gorgonzola • 9 Feigen • 1 kleine Schalotte • 2 EL Olivenöl • 350 g Risottoreis (Carnaroli) • trockener Weißwein • 1,5 l heiße Gemüsebrühe • Salz (nach Geschmack) • 1 nussgroßes Stück Butter

Gorgonzola in kleine Stücke schneiden. Feigen waschen und trocken tupfen. Stiel und Schale von 5 Feigen entfernen und die Feigen in Stücke schneiden (die restlichen 4 sind für die Dekoration). Schalotte fein schneiden, in Olivenöl auf kleiner Flamme goldgelb rösten.

Reis dazugeben und unter ständigem Rühren einige Minuten mitrösten. Mit einem Schuss Weißwein ablöschen und den Alkohol zur Gänze verdampfen lassen. Mit dem Kochprozess ca. 18–20 Minuten fortfahren, indem man Brühe schöpflöffelweise dazugibt und jeweils verkochen lässt, bevor neue Brühe dazukommt. Nach der halben Kochzeit die geschnittenen Feigen beifügen. Am Ende der Kochzeit den Gorgonzola und das Butterstückchen untermischen, bei Bedarf salzen. Topf vom Feuer nehmen und den Risotto vor dem Servieren zugedeckt ca. 2 Minuten ruhen lassen. Mit den in Spalten geschnittenen restlichen Feigen dekorieren.

Kichererbseneintopf mit getrockneten Feigen

Der klassische Kichererbseneintopf, hier mit getrockneten Feigen verfeinert, ist die ideale Mahlzeit für kalte Wintertage. Die an sich einfache Zubereitung dauert wegen der langen Kochzeit der Hülsenfrüchte fast 3 Stunden. Wie alle Gerichte mit langer Kochzeit schmeckt auch dieses ein, zwei Tage nach der Zubereitung am besten.

Für 4 Portionen

300 g getrocknete Kichererbsen • 2 Lorbeerblätter • 2 Salbeiblätter • 80 g getrocknete Feigen • 1 große Karotte • 1 Selleriestange • 1 Zwiebel • Salz und Pfeffer

Kichererbsen mindestens 12 Stunden einweichen. Wasser abgießen und Kichererbsen ohne Salz in reichlich frischem Wasser mit den Lorbeer- und Salbeiblättern ca. 2 Stunden kochen. Inzwischen die getrockneten Feigen, Karotte, Sellerie und Zwiebel grob schneiden und im Mixer fein zerkleinern. Gemüse und Feigen zu den Kichererbsen geben und salzen. 30 Minuten weiterköcheln lassen, mit Salz und Pfeffer abschmecken und vor dem Servieren ein wenig ruhen lassen. Heiß mit ein wenig Olivenöl und getoastetem Brot servieren.

Entenbrust mit Feigen

Eine einfache Hauptspeise, bei der die Feigen perfekt zum Wildgeschmack der Ente passen.

Für 4 Portionen

2 mittelgroße rote Zwiebeln • 6 feste Feigen • 2 Entenbrüste • 2 EL natives Olivenöl • 1 Schuss roter Stroh- oder Portwein • Salz • 2–3 frische Lorbeerblätter • Pfeffer • 2 TL Vollrohrzucker • einige Weintrauben zum Garnieren

Backofen auf 180 °C Ober-/Unterhitze vorheizen. Zwiebeln in feine Scheiben schneiden. Feigen waschen und trocken tupfen. Die Haut der beiden Entenbrüste einschneiden und in einer Pfanne in Olivenöl auf beiden Seiten scharf anbraten. Mit Wein aufgießen und ein paar Minuten weiterkochen. Entenbrüste aus der Pfanne nehmen, auf ein mit Backpapier belegtes Backblech legen, salzen und im Ofen ca. 10 Minuten garen. In der Zwischenzeit die Zwiebeln in die vorhin benutzte Bratpfanne geben und zusammen mit den Lorbeerblättern im ausgetretenen Fett der Entenbrüste glasig werden lassen, pfeffern und salzen. Feigen und Vollrohrzucker dazugeben. Nochmals 10 Minuten weiterkochen, das Fleisch aus dem Ofen nehmen, in die Sauce legen und darin 5 Minuten köcheln lassen. Pfanne vom Feuer nehmen, Entenbrüste in dünne Scheiben schneiden, mit ein wenig Sauce beträufeln und mit den Feigen und einigen Weintrauben dekorieren.

Leber mit Feigen und Zwiebeln

Das folgende Rezept wird nicht nur Liebhaber von Innereien überraschen. Dank der Feigen und Zwiebeln wird der Geschmack der Leber noch verfeinert.

Für 4 Portionen

150 g getrocknete Feigen • 450 g Kalbsleber • 100 ml Weinessig und 200 ml Wasser (gemischt) • 2 große Zwiebeln • 3–4 EL natives Olivenöl • Salz und Pfeffer • abgeriebene Schale einer Bio-Zitrone

Getrocknete Feigen in lauwarmem Wasser einweichen. Leber waschen, in Streifen schneiden und 20 Minuten in Essigwasser einlegen. Zwiebeln in dünne Scheiben schneiden und in einer beschichteten Pfanne in Olivenöl auf kleiner Flamme rösten. Feigen abgießen und trocken tupfen, die harten Enden entfernen und die Früchte in Scheiben schneiden. Sobald die Zwiebeln goldbraune Farbe annehmen, Feigen hinzugeben und alles wenige Minuten durchziehen lassen. Leber aus dem Essigwasser nehmen und mit Küchenkrepp trocken tupfen. In die Pfanne geben, salzen und bei lebhafter Flamme ca. 10 Minuten anbraten. Pfeffern, Zitronenschale darüberstreuen und servieren.

Hühnerkeulen mit Feigen in der Kokotte

In vielen Ländern ist die Kokotte als *Dutch oven* bekannt, denn es waren die Holländer, die diesen auf Schiffen üblichen Kochtopf erfunden haben. Durch die Franzosen wurde er perfektioniert und schließlich zu einem fixen Bestandteil der französischen Küche. Man kann stattdessen einen normalen Kochtopf zum Anbraten und anschließend eine feuerfeste Form für den Ofen verwenden.

Für 4 Portionen

4 Hühnerkeulen • 6 schwarze Feigen • natives Olivenöl • 1 nussgroßes Stück Butter • Salz und Pfeffer • 4 Schalotten oder 1 große Zwiebel in 4 Teilen • 2 Knoblauchzehen • 4 Thymianzweige • 2 Lorbeerblätter • 1 Rosmarinzweig • 100 ml Marsala oder anderer Süßwein • 200 ml Gemüsebrühe oder Wasser (heiß) • 2 TL Honig nach Belieben (Zitronen- oder Thymianhonig sind ideal) • 1 TL Maisstärke

Backofen auf 200 °C vorheizen. Hühnerkeulen und Feigen waschen und trocken tupfen. Feigen vierteln. In einer großen gusseisernen Kokotte einen großzügigen Löffel Öl und das Butterstück erhitzen. Keulen einlegen und bei moderater Hitze auf allen Seiten goldbraun braten. Zuletzt die Hautseite nach oben drehen, ohne dass die Keulen einander allzu sehr überdecken. Salzen, pfeffern und Schalotten, Feigen, die angedrückten Knoblauchzehen, Kräuter, den Süßwein und die heiße Gemüsebrühe bzw. heißes Wasser dazugeben. Die Kokotte offen für ca. 30 Minuten in den Ofen stellen, wieder entnehmen und die Temperatur auf 240 °C (Grillfunktion) erhöhen. Die Haut des Huhns und der Feigen mit Honig bepinseln. Kokotte wieder in den Ofen stellen, bis alles karamellisiert ist (ca. 3–5 Minuten). Aus dem Ofen nehmen und die Hühnerkeulen in einen Topf mit Deckel geben, um sie warm zu halten. Die Sauce in der Kokotte auf dem Herd bei lebhafter Flamme etwas eindicken lassen; mit Maisstärke bestäuben. Sobald die Sauce neuerlich zu kochen beginnt, indem sich an den Rändern kleine Bläschen bilden, abwarten, bis sie eindickt, und sofort vom Feuer nehmen. Das Huhn mit der Feigensauce servieren.

Pizza e fichi

Pizza e fichi war ursprünglich ein einfaches Gericht für arme Leute, typisch für die Küche Roms und ein Vorläufer des *street food*. In der Antike zerdrückte man die Feigen auf der Focaccia, einem Fladen aus ungesäuertem Teig. Mit der Zeit und mit Zutaten wie Rohschinken oder Mozzarella wurde aus diesem Imbiss von der Straße ein Happen für Gourmets.

Dieses Gericht ist so tief in der Tradition verwurzelt, dass es in Rom zum Ursprung der Redewendung *»mica pizza e fichi«* (nicht bloß Pizza und Feigen) wurde, womit angedeutet wird, dass der zur Diskussion stehende Gegenstand einen gewissen Wert hat und nicht etwas ist, das so wenig zählt wie die beiden Lebensmittel, die für die Ernährung der Armen typisch waren.

Für 2 Bleche

1 kg Mehl (tipo 0; Deutschland 550, Österreich 700) • 700 ml Wasser • 5 g Trockenhefe • 10 g Salz • natives Olivenöl • 10–12 reife, aber feste Feigen • Pfeffer • 150 g Rohschinken

In einer Schüssel Mehl und Wasser mischen, Hefe, Salz und einen Tropfen Öl dazugeben und die Zutaten verkneten. Auf einer bemehlten Arbeitsfläche zu einem glatten, kompakten Teig kneten. Eine Kugel formen und im Kühlschrank 24 Stunden zugedeckt ruhen lassen.

Am nächsten Tag Backofen auf 220 °C Ober-/Unterhitze vorheizen. Den Teig halbieren, zwei Bleche von 40 x 30 cm mit Backpapier auslegen und die Teighälften durch Ziehen darauf ausbreiten. Je 1 Tropfen Öl auf den Teigoberflächen verstreichen. Im Ofen ca. 20 Minuten backen. Feigenschnitze auf einer fertigen Pizza verteilen, pfeffern und mit ein wenig Öl beträufeln. Rohschinken auflegen und mit der zweiten Pizza bedecken. In Stücke geschnitten servieren.

Doraden aus dem Ofen in Feigenblättern

Durch den Gebrauch der Feigenblätter bleibt das Fischfleisch weich, der Duft der Blätter verleiht ein zartes Aroma.

Für 4 Portionen

16 grüne Feigen • 12 Feigenblätter • 1 Bio-Zitrone • 4 Doraden (küchenfertig) • 8 Thymianzweige • unraffiniertes Meersalz • natives Olivenöl

Backofen auf 200 °C vorheizen. Feigen und Feigenblätter waschen, trocken tupfen und beiseitestellen. Zitrone in Scheiben schneiden. Die Fische unter fließendem Wasser waschen und trocken tupfen. Je 1 Zitronenscheibe und 1 Thymianzweig in die Bauchhöhle der Fische geben, innen und außen salzen. Auf der Arbeitsfläche 2 sich ein wenig überlappende Feigenblätter anordnen, den Fisch darauflegen und mit Küchengarn zusammenbinden. Mit je 1 Feigenblatt und 1 Thymianzweig bedecken. Doraden und die ganzen oder halbierten Feigen auf ein mit Backpapier ausgelegtes Backblech legen. Mit Olivenöl beträufeln und im Ofen ca. 25 Minuten garen. Den Fisch aus dem Ofen nehmen, die Blätterhülle entfernen und mit den gekochten Feigen und Zitronenscheiben auf Tellern anrichten.

Clafoutis mit Feigen

Clafoutis ist ein Kuchen aus der Region Limousin. Die Originalversion sieht schwarze, nicht entsteinte Kirschen vor, die in einen Crèpes-artigen Teig getaucht werden. Es gibt davon viele Varianten, sowohl hinsichtlich des Teigs als auch hinsichtlich der verwendeten Früchte. Hier eine Version mit Feigen.

Für 6 Portionen

1 kg Feigen • 60 g weiche Butter und etwas für die Form • 3 große Eier • 100 g Zucker • 250 ml Milch • 1 Prise Salz • Zimt • 60 g Dinkelmehl

Backofen auf 180 °C vorheizen. Feigen schälen, vierteln und eine gefettete Form oder ein gefettetes Backblech damit auslegen. In einer Schüssel Eier mit Zucker und Butter aufschlagen, Milch, Salz und Zimt dazugeben, dann das Mehl langsam einarbeiten, sodass eine homogene Masse ohne Klümpchen entsteht. Den Teig über die Feigen gießen und im Ofen ca. 40 Minuten backen.

Castagnaccio

Kastanienmehlkuchen mit Feigen und Schokolade

Diese einfache Süßigkeit war in den Apenninenregionen von Toskana, Emilia Romagna, Ligurien und Piemont sehr verbreitet, wo Kastanien einen der Hauptbestandteile der Ernährung der Bauern bildeten. Florenz und Lucca erheben beide Anspruch auf Urheberschaft, doch laut offizieller Dokumente von 1550 ist der Erfinder des Castagnaccio ein gewisser Pilade von Lucca.

Die Basis dieser Torte ist in allen genannten Regionen gleich, es variiert lediglich die Dicke wie auch einige geschmacksgebende Zutaten. Hier die wenig bekannte Version mit Feigen. Die ideale Begleitung zu Castagnaccio sind Ricotta oder Kastanienhonig, junger Wein oder Süßweine wie der Vin Santo.

Für 8 Portionen

10 getrocknete Feigen • 30 g Sultaninen • Saft und Schale einer Bio-Orange • 30 g Pinienkerne • 300 g Kastanienmehl • 1 Prise Salz • 1 Prise Zimt • 50 g Rohrzucker • ca. 450 ml Wasser • 4 EL natives Olivenöl und etwas für die Form • 100 g geriebene Zartbitterschokolade • 1 EL ganze Rosmarinnadeln

Feigen und Sultaninen in mit ein wenig heißem Wasser verdünntem Orangensaft 30 Minuten weichen lassen, abseihen und Feigen in Stückchen schneiden. Pinienkerne in einer beschichteten Pfanne einige Minuten trocken rösten. In einer Schüssel Mehl mit Salz, Zimt, Zucker und Orangenschale mischen. Unter Rühren mit dem Schneebesen oder Handmixer in fadendünnem Strahl so viel Wasser untermischen, dass ein halbflüssiger Teig entsteht; dabei darauf achten, dass sich keine Klümpchen bilden. Dann das Öl, die Feigen, die Schokolade, die Hälfte der Pinienkerne, die Sultaninen und den Rosmarin dazugeben. Mindestens 30 Minuten ruhen lassen. Backofen auf 200 °C Ober-/Unterhitze vorheizen. Eine rechteckige Backform mit Backpapier auslegen und dieses leicht mit Olivenöl einstreichen. Den Teig einfüllen, wobei er höchstens 1,5 cm hoch sein soll. Im Ofen 10 Minuten backen, Temperatur auf 180 °C reduzieren und so lange weiterbacken, bis sich an der Oberfläche Sprünge bilden und die Basis durch ist. Abkühlen lassen und servieren.

Crumble aus frischen Feigen

Für 6 Portionen

700 g Feigen • 3 EL Rum • 50 g geschälte Mandeln • 150 g kalte Butter und etwas für die Form • 200 g Dinkelmehl • 1 Prise Salz • 110 g Rohrzucker

Backofen auf 180 °C Ober-/Unterhitze vorheizen. Feigen schälen und in Stücke schneiden, mit Rum vermengen und in eine runde gebutterte feuerfeste Form (26 cm Durchmesser) oder in 6 kleine Förmchen geben. Mandeln grob hacken. Butter würfeln und gemeinsam mit Mehl, Salz, Rohrzucker und den Mandeln in eine Schüssel geben. Mit den Fingerspitzen schnell zu einem bröseligen Teig verarbeiten. Die Feigen gleichmäßig damit bedecken, ohne sie zusammenzudrücken. Im Ofen 35–40 Minuten backen.

Schoko-Plumcake mit frischen Feigen und Rosmarin

Der Geschmack von Feigen und Schokolade wird durch den Duft des frischen Rosmarins noch verfeinert. Ein elegantes Dessert, das auch anspruchsvollere Gäste überrascht.

Für 6 Portionen

250 g glattes Mehl und etwas für die Form • 1 Pkg. Backpulver • 50 g Kakaopulver • 250 ml Milch • 70 g Butter und etwas für die Form • 2 kleine Rosmarinzweige • 180 g Rohrzucker • 3 große Eier • 1 Prise Salz • 6–7 grüne Feigen

Backofen auf 180 °C Ober-/Unterhitze vorheizen. Mehl, Backpulver und Kakao in eine Schüssel sieben. Die Hälfte der Milch mit der Butter und den Rosmarinzweigen in einem Topf auf kleiner Flamme erwärmen. Die Butter soll sich auflösen, ohne dass die Flüssigkeit zu kochen beginnt. Sobald die Butter geschmolzen ist, vom Feuer nehmen. Wenn die Mischung lauwarm ist, die Rosmarinzweige entfernen und die übrige (kalte) Milch dazugeben. In einer Schüssel Zucker, Eier und Salz schaumig schlagen. Die Milch-Butter-Mischung in dünnem Strahl unter ständigem Rühren zugießen und zuletzt das mit Kakao und Backpulver versiebte Mehl unterheben. Eine Plumcake-Form (28–30 cm) einfetten und mit Mehl ausstreuen. Die Hälfte des Teigs einfüllen. Die Feigen schälen, in Scheiben schneiden und die Hälfte davon auf dem Teig eng nebeneinander auflegen. Die verbliebene Hälfte des Teigs darübergießen und mit den übrigen Feigen dekorieren. Im Ofen ca. 35–40 Minuten backen. Vor dem Entnehmen ein Holzstäbchen in die Mitte des Plumcakes stecken. Ist es nach dem Herausziehen sauber, ist der Kuchen fertig. Ansonsten noch einige Minuten weiterbacken.

Apfel-Feigen-Kuchenbrot

Für 8 Portionen
200 g Rosinen • 400 g altbackenes Brot • 750 ml lauwarme Milch • 5 Äpfel • 250 g getrocknete Feigen • 5 mittelgroße Eier • 200 g Zucker • 150 g glattes Mehl und etwas zum Bestäuben • 1 Pkg. Backpulver • 1 Prise Salz • abgeriebene Schale einer Bio-Zitrone und einer Bio-Orange • 3 EL Rum (oder Likör nach Belieben) • Butter für die Form • Staubzucker

Backofen auf 180 °C Ober-/Unterhitze vorheizen. Rosinen in Wasser einweichen. Das altbackene Brot grob schneiden und in der Milch so lange einweichen, bis die Flüssigkeit aufgesogen ist, Brot etwas ausdrücken und im Mixer pürieren. Äpfel schälen, entkernen und in Würfel schneiden, Feigen in Stücke schneiden. Eier mit dem Zucker aufschlagen. Rosinen abgießen, abtropfen lassen und mit etwas

Mehl bestäuben. Mehl mit Backpulver versieben. Mehlmischung, Apfelwürfel, bestäubte Rosinen, Salz, abgeriebene Orangen- und Zitronenschale, Rum, die Feigen und das pürierte Brot zur Ei-Zucker-Mischung geben.

Eine runde Backform (26 cm Durchmesser) buttern und mit Mehl ausstreuen. Die Masse einfüllen und im Ofen ca. 45 Minuten backen. Lauwarm mit etwas Staubzucker bestreut servieren.

Frittierte Feigen mit Kakisauce

Für 4–6 Portionen
12 reife, aber feste Feigen • Erdnussöl zum Frittieren • Staubzucker zum Bestreuen • Minzblätter zum Dekorieren
Für den Teig: 1 großes Ei • 40 g Staubzucker • 125 g glattes Mehl • 100 ml helles Bier oder Wein • 1 EL Erdnussöl
Für die Kakisauce: 400 g Kakis • 100 g Staubzucker • abgeriebene Schale einer Bio-Orange • 1 EL Grand Marnier

Für den Teig das Ei trennen, Eiweiß mit Staubzucker zu festem Schnee schlagen. Mehl, Eigelb, Bier, Öl und den Eischnee in einer Schüssel vermischen. Den Teig 1 Stunde ruhen lassen.

Inzwischen die Kakis waschen und schälen. Mit Staubzucker, Orangenschale und dem Grand Marnier im Mixer pürieren und durch ein Haarsieb streichen.

Feigen schälen und im Teig wenden, sodass sie rundum bedeckt sind. In einer Pfanne reichlich Öl erhitzen, die Feigen darin schwimmend unter mehrmaligem Wenden gleichmäßig goldbraun backen. Mit dem Schaumlöffel herausheben, auf Küchenkrepp abtropfen lassen und vor dem Servieren reichlich mit Staubzucker bestreuen. Mit der Kakisauce und Minzblättern servieren.

Feigen-Tiramisù

Ein Klassiker der traditionellen italienischen Küche, der sich sehr gut für Variationen anbietet.

Für 6–8 Personen

Bohnenkaffee • Feigenkaffee • 6 Feigen • 3 EL Feigenmarmelade • 6 große Bio-Eier • 1 Prise Salz • 3 EL Zucker • 500 g Mascarpone • 3 EL Rum • Zucker nach Geschmack • 1 kg italienische Eierbiskotten/Löffelbiskuits (Savoiardi) • 1 EL Kakaopulver • 1 EL Zimt

Aus 1 Teil Feigenkaffee und 2 Teilen Bohnenkaffee 300 ml Filterkaffee zubereiten. Feigen mit Feigenmarmelade pürieren. Eier trennen, Eiweiß mit 1 Prise Salz zu Schnee schlagen. Eigelb und Zucker gut cremig rühren, den Mascarpone und die pürierten Feigen untermischen. Den Schnee vorsichtig unter die Masse heben. Kaffee mit Rum vermischen und leicht zuckern. Die Biskotten kurz eintauchen und eng nebeneinander auf den Boden einer viereckigen Form (24 x 19 x 8 cm) legen. Mascarpone-Masse darüber verteilen. Das Ganze wiederholen, bis alle Zutaten aufgebraucht sind. Mit Creme abschließen. Kakaopulver mit Zimt mischen und darüberstreuen. Für mindestens 12 Stunden in den Kühlschrank stellen.

Feigen mit Honig und Rosmarin

Ein einfaches, schnelles Rezept, das beispielsweise mit einer Kugel Vanilleeis und Lavendelblüten, mit geschlagenem Obers oder Mascarpone serviert werden kann. Es eignet sich aber auch als Vorspeise mit frischem Ziegenkäse, Schafsricotta oder einem gereifteren Käse und Vogerlsalat (Feldsalat) oder als Beigabe zu gekochtem Rindfleisch, zu gebratenem Lamm sowie Brathuhn.

Für 4 Portionen
1 Zweig frischer Rosmarin • 12 reife, feste Feigen • Saft einer großen Orange • 3 EL flüssiger Honig • 50 g Butter

Ofen auf 200 °C Ober-/Unterhitze vorheizen. Rosmarinnadeln abzupfen und fein hacken. Feigen waschen, trocken tupfen und den oberen Teil kreuzförmig einschneiden, ohne den Boden zu verletzen. Eine feuerfeste Form mit Backpapier auslegen, die Feigen daraufsetzen, mit Orangensaft beträufeln und Honig, ein Butterstückchen und Rosmarin darauf verteilen. Für 10 Minuten in den Ofen schieben. Heiß servieren.

Feigen-Eislutscher

Eislutscher sind eine bei Jung und Alt besonders an heißen Sommertagen beliebte Erfrischung. Weshalb nicht die hausgemachte Version dieses Durstlöschers mit Feigen probieren?

Für 6 Eislutscher
100 ml Wasser • 50 g Zucker • 150 ml Zitronensaft • 200 g schwarze Feigen

Zur Bereitung des Sirups Wasser und Zucker in einem Topf vermischen, zum Kochen bringen. Gemeinsam mit dem Zitronensaft in eine Schüssel geben. Abkühlen lassen.

In der Zwischenzeit die Feigen waschen, trocken tupfen und in 0,5 cm breite Scheiben schneiden. Die Wände der Eislutscherformen mit den Scheiben auslegen und mit dem kalten Sirup auffüllen. Ein Stäbchen in jede Form stecken (dafür unter Umständen erst anfrieren lassen, sonst hält das Stäbchen nicht) und für mindestens 3 Stunden in den Tiefkühler geben. Vor dem Verzehr die Form kurz in heißes Wasser tauchen und den Lutscher herauslösen.

İncir uyutması
Feigenpudding

İncir uyutması aus der Provinz Kütahya ist eine Art Pudding auf der Basis getrockneter Feigen und Milch, der oft zum Frühstück gegessen wird und besonders im Ramadan sehr beliebt ist.

Wörtlich übersetzt heißt das Gericht in etwa »eingeschläferte« oder »zu Bett gelegte Feigen« und ist vielleicht ein Hinweis darauf, dass man sie am Vorabend zubereitet, damit die Feigen ihre Wirkung entfalten können.

Im Nordosten Anatoliens bereiteten die Hirten eine etwas andere Art dieses Nachtischs zu, die sich *teleme* nennt und erzeugt wird, indem man Ziegenmilch durch Zugabe von ein paar Tropfen Feigenmilchsaft gerinnen lässt. Nachdem man eine Art Joghurt gewonnen hat, werden frische Feigenstücke daruntermischt.

Für 4 Portionen

12 getrocknete Feigen • 1 l Vollmilch • Melasse und Nüsse nach Belieben

Die getrockneten Feigen in heißem Wasser 30 Minuten einweichen, abgießen, trocken tupfen und in Stücke schneiden. Milch erhitzen und, bevor sie zu kochen beginnt, vom Feuer nehmen. Feigen hinzugeben und mit einem Pürierstab pürieren. Einige Minuten zurück aufs Feuer stellen, dann in Schälchen oder eine große Schüssel füllen. Mit Frischhaltefolie und einem Tuch abdecken und bei Zimmertemperatur ruhen lassen, bis die Masse (nach 3 bis 4 Stunden) gestockt ist. Schüssel(n) über Nacht in den Kühlschrank stellen. Kalt servieren. Wenn man will, kann man noch Melasse und grob gehackte Nüsse dazugeben.

Figues albardaes
Feigenkrapfen

In Castellón de la Plana feiert man in Erinnerung an die Gründung der Stadt jedes Jahr die *Feria y Fiestas de la Magdalena*, welche einige Tage vor dem dritten Fastensonntag beginnt. Das Fest, das insgesamt neun Tage dauert, zieht jedes Jahr viele Besucher an und bietet ein vielfältiges Programm mit Verkostungen. Ein Ehrenplatz unter den Leckereien gebührt den mit Feigen gefüllten Bauernkrapfen, den *figues albardaes*, einem Dessert, das mit kleinen Unterschieden auch in Aragon, Valencia und im Süden Kataloniens zubereitet wird.

Für 6–8 Portionen

40 kleine oder 20 große getrocknete Feigen • 25 g frische Hefe • ca. 300 ml Wasser • Salz • 1 Ei • 2 EL Zucker und etwas Zucker zum Wälzen • 500 g Mehl (universal) • Erdnussöl zum Frittieren

Feigen waschen, trocken tupfen und die Stielansätze entfernen. (Wenn die getrockneten Feigen hart sind, einige Stunden in Wasser weichen lassen und dieses anschließend wegschütten.) Hefe in ein wenig lauwarmem Wasser mit 1 Prise Salz auflösen, dann nach und nach Ei, Zucker, übriges Wasser und Mehl dazugeben und gut mischen. Der Teig soll nicht zähflüssig, aber auch nicht zu wässrig sein. Die Schüssel abdecken und den Teig bei Zimmertemperatur gehen lassen, bis sich kleine Blasen bilden (ca. 45 Minuten).

Sind die Feigen klein, je 2 Feigen der Länge nach auf-, aber nicht durchschneiden, aufklappen und die Feigen mit den Schnittseiten gegeneinanderdrücken. Große Feigen lediglich aufschneiden und die Hälften gegeneinanderdrücken, sodass sie platt sind. (Man kann sie vorher auch mit einer Walnusshälfte oder einer Mandel füllen.)

Feigen in den Teig tauchen und anschließend im sehr heißen Fett schwimmend goldbraun backen. Herausnehmen, auf Küchenkrepp abtropfen lassen und anschließend in Zucker wälzen.

Gefüllte Feigen auf syrische Art

»Jedes meiner Rezepte ist ein Plädoyer für eine andere mögliche Moral, für eine hedonistische Moral, die alle Freunde unmittelbarer Glückseligkeit anspricht und bei der es darauf ankommt, solch unschuldige Künste wie Kochen, Essen und Liebenlernen gewissenhaft und auch gewissenlos auszuüben. (…) Um möglichst unmoralisch zu sein, gibt es kein besseres Mittel als zwei so ultimative Genüsse wie gut Essen und gut Lieben miteinander zu verbinden (…)«

Im Buch *Unmoralische Rezepte* von Manuel Vázquez Montalbán, dem bekannten spanischen Schriftsteller, Dichter und Essayisten sowie Erfinder des Detektivs und Gourmets Pepe Carvalho, stellen die darin angeführten Gerichte die kürzeste Verbindung zwischen Tisch und Bett dar. Unter den 62 Rezepten, die alle – aus ersichtlichem Grund – sehr einfach zuzubereiten sind, darf ein Feigenrezept natürlich nicht fehlen, ist diese Frucht doch nicht nur Sinnbild der Erkenntnis, sondern auch des weiblichen Geschlechtsorgans.

Für 6–8 Portionen

250 ml Orangensaft • 1 EL Zitronensaft • 1 EL abgeriebene Bio-Zitronenschale • 150 g Zucker • 500 g ganze getrocknete Feigen • 150 g geschälte Mandeln oder Haselnüsse

In einem kleinen Topf Orangen- und Zitronensaft, Zitronenschale und 3 EL Zucker vermengen. Stielansätze der Feigen entfernen und die Feigen in den Topf geben. Alles zum Kochen bringen. Hitze reduzieren, den

Topf mit einem Deckel verschließen und so lange köcheln, bis die Feigen weich sind. Die Feigen abtropfen lassen und, wenn sie ausgekühlt sind, mit einem spitzen Messer an der Stelle des Stielansatzes einritzen. Je 1 Mandel oder Haselnuss hineinstecken. Die Schnittstellen wieder zusammendrücken und die gefüllten Feigen im restlichen Zucker wälzen. Auf ein Kuchengitter legen und über Nacht trocknen lassen. Am folgenden Tag servieren oder in einer Dose aufbewahren; dabei die einzelnen Lagen Feigen mit Butterbrotpapier voneinander trennen. Die gefüllten Feigen halten sich 2 Wochen (längere Erfahrungswerte sind nicht bekannt, Montalban sagt dazu auch nichts).

FEIGE, FLÜSSIG

Vincotto di fichi

Feigencotto

Die römische Küche kannte mindestens drei unterschiedliche Sorten eingekochten Traubenmost *(sapa)*. Die Römer verwendeten ihn zum Süßen und, mit Wasser verdünnt, als Durstlöscher und Energydrink, aber auch – zusammen mit der unverzichtbaren Würzsauce *garum* – als Beigabe zu Fleischgerichten. Auch der Saft von Quitten, Johannisbrot oder Feigen wurde eingedickt – zu einem alkoholfreien Sirup. In einigen Regionen Italiens kommt dieses aus der Römerzeit tradierte Prozedere noch immer zur Anwendung. In Apulien und der Basilicata stellt man sowohl *vincotto* aus Traubenmost her – eine Art dicken Sirup, der in früheren Zeiten auch als Hausmittel gegen Husten zur Anwendung kam – als auch *cotto* (oder *vincotto*) aus Feigen, der insbesondere zur Herstellung einiger typischer regionaler Süßspeisen verwendet wird. Wer gern experimentiert, wird feststellen, dass *Feigencot-*

to hervorragend zu Weichkäse wie Ricotta, zu gekochtem Fleisch, zu Obstsalaten und Eis passt und dass man damit fantastische Drinks mixen kann.

Die Zubereitung dauert zwar lange, ist aber keineswegs kompliziert. Das einzige Problem ist die Menge der benötigten Feigen: Aus 20 Kilogramm Feigen erhält man höchstens 2 Liter Vincotto.

Schwarze Feigen • Wasser

Feigen mit einem feuchten Tuch reinigen, vierteln, in einen möglichst großen Stahltopf geben, mit Wasser bedecken und auf kleiner Flamme so lange kochen, bis das ganze Wasser verkocht ist und die Feigen sehr weich sind. Feigen auf ein ausgebreitetes Tuch geben, die Enden zusammenfassen und das Tuch über einer Schüssel auswringen, sodass der Feigensaft in die Schüssel läuft. Einige Stunden abtropfen lassen, das Tuch immer wieder stark auswringen. Anschließend den Saft in einen Topf gießen und so lange kochen, bis er die Konsistenz von flüssigem Honig erreicht – dabei immer wieder umrühren und überschüssigen Schaum mittels Schaumlöffel abschöpfen. Der Kochvorgang dauert an die 2 Stunden. Danach den noch heißen Saft in saubere Flaschen füllen und diese luftdicht verschließen. Dunkel aufbewahren. Feigencotto hält ca.1 Jahr.

Feigenblätter-Wein

Für 2 Liter

40 Feigenblätter • 4 Zimtstangen • 2 Vanilleschoten • 1 l Rotwein oder Rosé von guter Qualität • 1 Flasche Martini bianco • 400 g Rohrzucker

Feigenblätter sehr gründlich waschen und trocken tupfen. Den Boden eines großen Glasbehälters mit Deckel mit den Blättern auslegen und die 4 Zimtstangen zwischen die Blätter stecken. Mark aus den Vanilleschoten kratzen (Schoten aufheben). Wein, Martini, Zucker und Vanillemark in einer weiteren Schüssel so lange rühren, bis sich der Zucker vollständig auflöst. Die Flüssigkeit über die Feigenblätter gießen und die beiden ausgeschabten Vanilleschoten dazugeben. Das Gefäß verschließen und in den ersten 15 Tagen dreimal pro Woche schütteln. Danach die Blätter entfernen, die Flüssigkeit durch ein Haarsieb oder ein Gazestück seihen. In saubere Flaschen füllen und luftdicht verschließen. Kühl und dunkel aufbewahren.

FEIGE FÜR ALLE FÄLLE

Getrocknete Feigen, hausgemacht

Getrocknete Feigen sind nicht nur ein nahrhafter Snack für zwischendurch, sondern auch eine wesentliche Zutat diverser Rezepte. Sie herzustellen ist nicht schwer, wenn man über einen sonnigen Garten oder einen Balkon und über frische, unbehandelte Feigen verfügt.

Auf traditionelle Weise werden die Früchte mindestens 5–6 Tage lang in die Sonne gelegt, wobei es wichtig ist, dass die Luft nicht zu feucht ist, weshalb sich dazu am besten die Zeit von Ende August bis Ende September eignet. Die Feigen werden geerntet, wenn sie weder zu weich noch zu hart sind. Um eine gleichmäßige Trocknung zu erzielen, aber auch um ihr Inneres füllen zu können, wie es in diversen Regionen Süditaliens der Brauch ist, werden die Früchte in der Mitte eingeschnitten, ohne die beiden Hälften ganz zu durchtrennen. Danach werden sie auf einem mit Backpapier ausgeschlagenen Tablett in die Sonne gelegt, wobei sie mehrmals am Tag gewendet werden. Jeweils bei Sonnenuntergang werden sie ins Haus gebracht. Zum Schutz vor Insekten empfiehlt es sich, das Tablett mit einem Netz zu überziehen. Wenn, abhängig von der Luftfeuchtigkeit, die Feigen nach etwa zwei, drei oder auch mehr Tagen dunkel und zusammengefallen sind, kann man sie mit gerösteten Mandeln oder Haselnüssen füllen oder man fährt ohne diese Zugabe wie folgt fort:

Backofen auf 160 °C (Umluft) vorheizen. Ein Backblech mit Backpapier auslegen und die Feigen auflegen. Die Hälften der gefüllten Feigen werden wie ein Sandwich zusammengeklappt, die ungefüllten bleiben offen. Feigen im Ofen in ca. 20 Minuten goldbraun werden lassen. Am besten bewahrt man sie in trockenen, sterilisierten Gläsern an einem trockenen Ort auf.

Man kann die getrockneten Feigen auch leicht karamellisieren, indem man in einer Schüssel einige EL Wasser mit Rohrzucker und 1 Prise Zimt vermischt und die Feigen damit dick bestreicht, um sie anschließend für mindestens 15 Minuten in den Ofen zu geben.

Feigenmarmelade mit grünen Tomaten

Eine Marmelade, die die Süße der Früchte mit dem herben Geschmack grüner Tomaten verbindet. Hervorragend zu gereiftem Käse, gebratenen Polentascheiben oder zu gesottenem Fleisch.

Für ca. 2 Gläser à 400 ml

1 Bio-Zitrone • 500 g grüne, nicht allzu reife Feigen • 500 g grüne Tomaten • 700 g Zucker • etwas Ingwerwurzel (nach Belieben)

Zitronenschale abreiben und den Saft auspressen. Feigen waschen, trocken tupfen und in Stückchen schneiden. Tomaten waschen, abtrocknen, entkernen und das Fruchtfleisch in Stücke schneiden. Alles in einen Topf aus Edelstahl geben, Zucker, Zitronensaft, Zitronenschale und geriebenen Ingwer (nach Geschmack) hinzufügen und einige Stunden ziehen lassen. Anschließend bei niedriger Flamme unter häufigem Rühren köcheln lassen. Wenn die Marmelade die gewünschte Konsistenz hat, heiß in saubere Gläser füllen, luftdicht verschließen und abkühlen lassen. An einem dunklen und kühlen Ort aufbewahren.

Feigenchutney

Eine süßsaure Sauce indischen Ursprungs, die gut zu Käse, Reis, gedünstetem Gemüse, Fleisch und Fisch (ganz besonders zu geräuchertem Lachs) passt.

Für ca. 650 g

500 g schwarze Feigen • 250 g Rohrzucker • 300 ml Apfelessig • abgeriebene Schale und Saft von 2 Bio-Zitronen • frisch geriebener Ingwer nach Geschmack • 1 Gewürznelke • 2 Sternanis • 1 kleines Stück Zimtrinde • 1 Prise Kardamom • 1 Prise Muskatnuss • 1 Prise Piment • 150 g getrocknete Feigen • 100 g Sultaninen • 150 ml Portwein oder anderer Süßwein • 2 mittelgroße rote Zwiebeln • 2 EL natives Olivenöl • 1 grüner Apfel • 1 Prise Chili • 2 gehäufte TL Senfpulver (gemahlene Senfkörner) • ½ TL feines Salz

Die frischen Feigen waschen, trocken tupfen und in Spalten schneiden. In eine Schüssel geben und mit Zucker, Essig, Zitronensaft und Zitronenschale, Ingwer und allen übrigen Gewürzen (bis auf Senf, Chili und Salz) bedecken. Die getrockneten Feigen klein würfeln und mit den Sultaninen in warmem Wasser waschen, abseihen, in ein Gefäß geben und mit dem Portwein übergießen. Die Früchte einige Stunden darin ziehen lassen.

Zwiebeln fein schneiden und in einem Wok oder einer großen beschichteten Pfanne im Olivenöl anbraten. Mit Einweichflüssigkeit der Sultaninen sowie der Marinade der frischen Feigen aufgießen und in etwa 20 Minuten Kochzeit sirupartig eindicken.

Den Apfel schälen, entkernen und in kleine Stücke schneiden. Getrocknete Feigen, Sultaninen und den Apfel in den Zwiebelsirup geben, umrühren und nach einigen Minuten frische Feigen, Senfpulver, Chili und Salz untermischen. Weiterköcheln, bis das Chutney eine klebrige Konsistenz erhält. Sternanis, Zimtrinde und Gewürznelke entfernen und das Chutney kochend heiß in kleine saubere Gläser füllen. Luftdicht verschließen.

Um eine glattere Paste zu erhalten, kann man vor dem Abfüllen einen Pürierstab verwenden. In diesem Fall vor dem Abfüllen noch einmal aufkochen.

Pan de higo
Feigenbrot

Pan de higo, wahrscheinlich arabischen Ursprungs, ist typisch für die Provinz Malaga, besonders für Coín, für die Region Murcia und für Fraga, eine Stadt in Aragón.

Man bereitet es zu Hause zu, vor allem in der Weihnachtszeit, doch ursprünglich handelte es sich um ein typisches Arme-Leute-Essen, vor allem der Bauern. Obwohl es sich *pan,* also Brot, nennt, sieht das Rezept keinerlei Mehl vor. Es handelt sich vielmehr um eine Masse aus gehackten getrockneten Feigen, Mandeln, Anislikör, Zimt und – je nach der Tradition einer Region – weiterer Zutaten wie Walnüsse, Haselnüsse, Sesam oder Orangenschale.

Eine sehr ähnliche Süßspeise, *lonza* oder *lonzino di fico* genannt (der Name bezieht sich auf das Aussehen, das dem einer Salami sehr ähnelt), wird in der Region

Marche zubereitet. In der italienischen Variante wird aber der Teig in Feigenblätter gewickelt.

Feigenbrot passt sehr gut zu Schafs- und Ziegenkäse und ist eine energiereiche Jause ohne Gluten. Es hält sich 2–3 Monate.

Für 6 Portionen

800 g getrocknete weiche Feigen (Softfeigen) • 1 TL gemahlener Zimt • abgeriebene Schale einer Bio-Orange • 200 g gehackte Mandeln • ¼ TL Gewürznelken oder Anis • 1 Schnapsgläschen Anislikör (Anisette, ersatzweise anderer Likör oder Orangensaft) • 100 g ganze Mandeln (mit oder ohne Schale)

Stielansätze der Feigen entfernen und die Feigen in Stücke schneiden. Anschließend in einer Küchenmaschine oder mit einem Wiegemesser nicht zu fein hacken. In einer Schüssel Feigen, Zimt, Orangenschale, gehackte Mandeln, Gewürznelken und Likör gut mischen. Einige Stunden an einem kühlen Ort ruhen lassen. Eine Springform oder eine Kastenform mit Backpapier auslegen, die Hälfte der Feigenmasse einfüllen, die Hälfte der ganzen Mandeln daraufgeben, mit dem Rest der Feigenmasse bedecken, fest andrücken und mit den verbliebenen Mandeln dekorieren. Im Kühlschrank über Nacht fest werden lassen.

LITERATUR

A. Carassale, C. Littardi, I. Naso (Hg.), Fichi. Storia, economia, tradizioni, Ventimiglia (IM): Philobiblon 2016

L. Dell'Erba, G. Ferrara, P. Montemurro, Il fico. L'albero e i frutti nella storia della civiltà fra alimentazione e medicina, Bari: Stilo editrice 2014

F.-R. Gaudry, D. Solier-Gaudry, D. Auboire, La figue, Avignon: Aubanel 2003

G. Gedda, La Magie de la figue dans la cuisine provençale, Aix-en-Provence: Edisud 2004

D. Janik, Feigenträume – Paradiesische Rezepte aus der Pfalz, Annweiler: Plöger 2002

S. P. Lee, Under the Fig Leaf: A Cookbook for Fig Lovers, Knoxville, Tenn: Sherri P Lee 2009

Polytechnisches Journal, Band 212, 1874

C. Seiler, Feigen aus dem eigenen Garten: 30 selbstfruchtende und leckere Sorten, Stuttgart: Eugen Ulmer 2016

M. Simmons, Fig Heaven: 70 Recipes for the World's Most Luscious Fruit, New York: William Morrow 2004

TATIANA Y. SILLA

wurde 1968 in Triest geboren, wo sie Philosophie studierte. Sie lebt zwischen Turin und Wien und beschäftigt sich mit der Geschichte der Gastronomie, insbesondere in ihrer Heimatregion Friaul – Julisch Venetien und Triest. Sie ist Übersetzerin und Herausgeberin (Bücher von Jacques Derrida, Placide Tempels und Wilhelm Speyer) sowie freie Forscherin im Centro Interdipartimentale di Ricerca sulla Comunicazione (CIRCE) an der Universität Turin. Bei Mandelbaum erschienen von ihr das *Triestiner Kulinarium* und *Basilikum, Salbei, Zucchini* sowie *Tomate*.

DANKSAGUNG

Mein Dank gilt den LektorInnen Inge Fasan und Michael Baiculescu sowie meinen Freundinnen Irmi Kanwar für ihre wertvolle linguistische Hilfe und Ximena Seguel, die mich auf vielfältige Weise unterstützt hat, sowie deren Katzen Sissi und Eithan, die beim Schreiben immer an meiner Seite waren.

Die Verse von Ervin László wie auch dieses Buch widme ich Radu Ioan Dimitrie Tanasescu.

Come,
sail with me on a quiet pond.
The shores are shrouded,
the surface smooth.
We are vessels on the pond
and we are one with the pond.
A fine wake spreads out behind us,
traveling throughout the misty waters.
Its subtle waves register our passage.
Your wake and mine coalesce,
they form a pattern that mirrors
your movement as well as mine.
As other vessels, who are also us,
sail the pond that is us as well,
their waves intersect with both of ours.
The pond's surface comes alive
with wave upon wave, ripple upon ripple.
They are the memory of our movement;
the traces of our being.
The waters whisper from you to me and from me to you,
and from both of us to all the others who sail the pond:
Our separateness is an illusion;
we are interconnected parts of the whole -
we are a pond with movement and memory.
Our reality is larger than you and me,
and all the vessels that sail the waters,
and all the waters on which they sail.

REZEPTVERZEICHNIS

mandelbaums *kleine gourmandisen*

Jeweils 60 Seiten | Euro 14,– | Gebunden

ARTISCHOCKE
AVOCADO
BANANE
BASILIKUM
BIRNE
DATTEL
ERBSE
ERDNUSS
FEIGE
FENCHEL
GRANATAPFEL
GURKE
HASELNUSS
HEIDELBEERE
HOLUNDER
JOHANNISBEERE
KAKAO
KARFIOL BLUMENKOHL
KAROTTE MÖHRE
KICHERERBSE
MANDEL
MANGOLD
MARONE ESSKASTANIE
MELANZANE AUBERGINE
MOHN
MORCHEL
ORANGE
PASTINAK
PISTAZIE
QUITTE
RADICCHIO
RHABARBER
ROTE RÜBE ROTE BETE
SAFRAN
SALBEI
SELLERIE
SESAM
SPARGEL
STEINPILZ
TAFELTRAUBE
TOMATE
THYMIAN
VANILLE
WALNUSS
WEICHSEL SAUERKIRSCHE
ZIMT
ZITRONE
ZUCCHINI
ZWIEBEL